아니아니,
　　아무도 몰라.

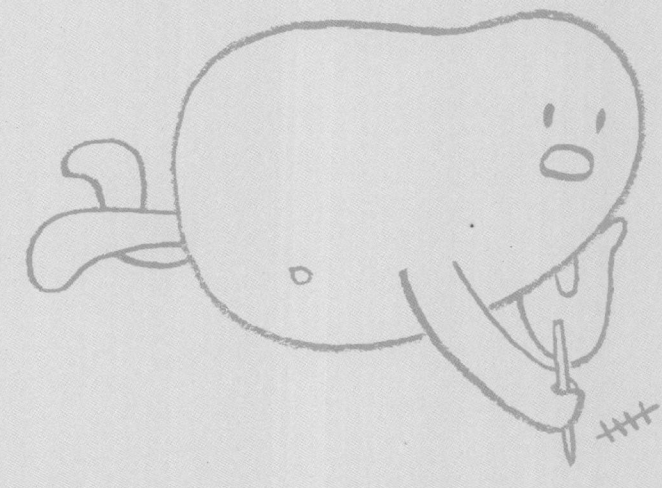

세상에서 가장 위대한 수학자도 몰라!

몰라?
　정말?
　　아무도?

만만한수학2
2 주세요!

초판 1쇄 발행 2017년 9월 15일 | 초판 10쇄 발행 2023년 3월 20일
글 김성화·권수진 | 그림 한성민 | 책임편집 전소현 | 디자인 하늘·민
펴낸이 전소현 | 펴낸곳 만만한책방 | 출판등록 2015년 1월 8일 제 2015-000008호
주소 서울시 마포구 토정로 222 한국출판콘텐츠센터 305호 | 전화 070-5035-1137 | 팩스 0505-300-1137
전자우편 manmanbooks@hanmail.net | 인스타그램 instagram.com/manmani0401

ISBN 979-11-960126-4-9 74410 | 979-11-960126-0-1(세트)
ⓒ 김성화, 권수진, 한성민 2017

이 책은 저작권법에 따라 한국에서 보호받는 저작물이므로 무단전재와 무단복제를 금지하며, 이 책 내용의 전부 또는 일부를 이용하려면 반드시 저작권자와 만만한책방의 서면 동의를 받아야 합니다.
이 도서의 국립중앙도서관 출판시도서목록(CIP)은 e-CIP홈페이지(http://nl.go.kr/cip.php)와 국가자료공동목록시스템(http://www.nl.go.kr/kolisnet)에서 이용하실 수 있습니다. (CIP제어번호: CIP2020006603)
잘못된 책은 바꾸어 드립니다. 책값은 뒤표지에 있습니다.

제품명 아동도서 | 제조년월 2023년 3월 20일 | 사용연령 7세 이상
제조사명 만만한책방 | 제조국명 대한민국 | 전화번호 070-5035-1137
주소 서울시 마포구 토정로 222 한국출판콘텐츠센터 305호
KC마크는 이 제품이 공통안전기준에 적합하였음을 의미합니다.

⚠ 주의
종이에 베이거나 긁히지 않도록
조심하세요. 책 모서리가 날카로우니
던지거나 떨어뜨리지 마세요.

만만한수학
2 주세요!

김성화 · 권수진 글 | 한성민 그림

만만한책방

수학자의 머릿속에 뭐가 있을까?

이건 아주 특별한 둘 이야기야.
네가 한 번도 들어 보지 못한 2 이야기라고!

좋은 2는 없어.
나쁜 2도 없고!
뚱뚱한 2는 없어.
빼빼한 2도 없고!

무슨 말이야?

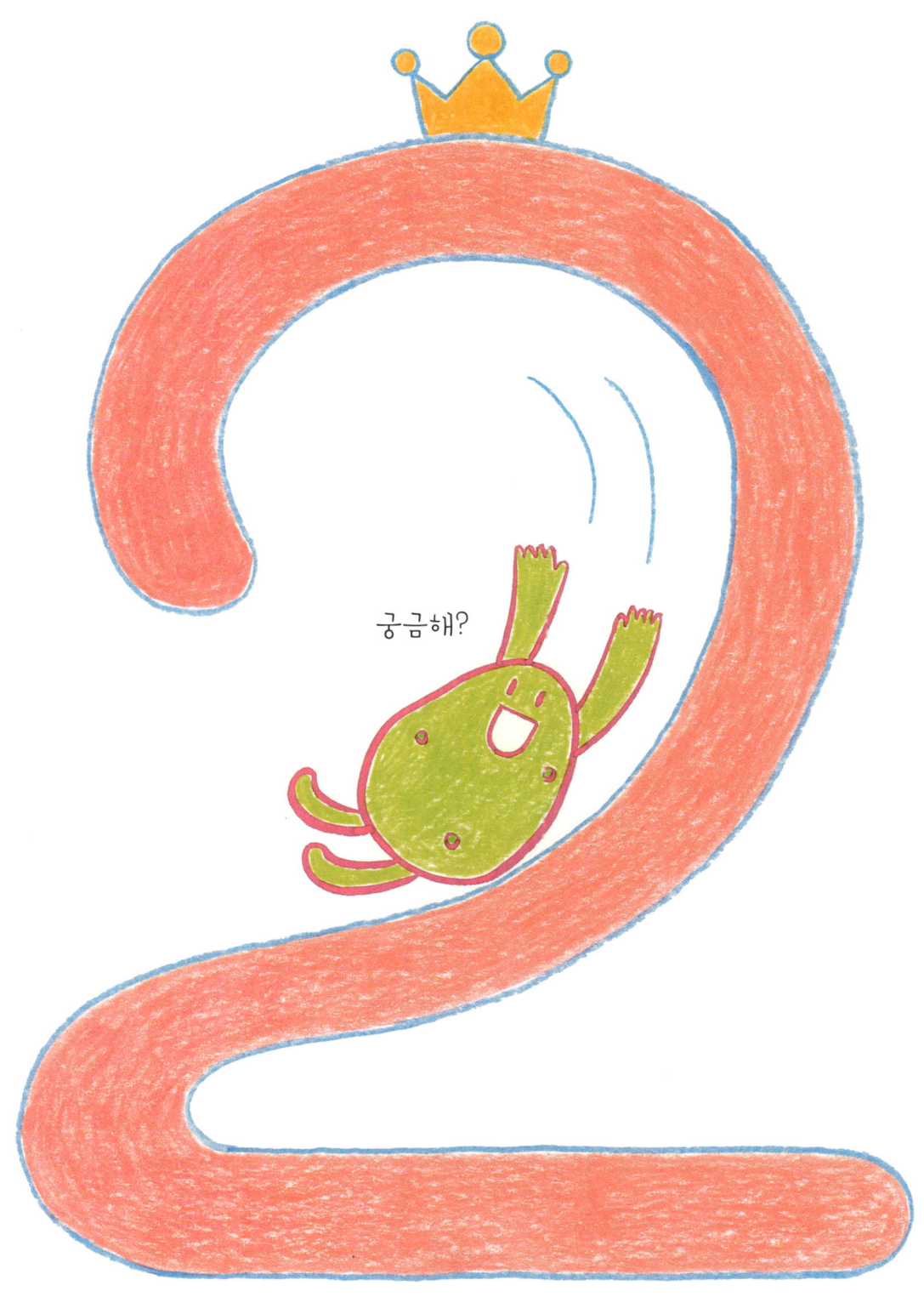

공룡 하나 공룡 하나 둘이야!
개미 하나 개미 하나 둘이야!

공룡 하나 개미 하나 둘이야!

뭐든지 둘이야! 둘이기만 하다면.
뭐든지 2야! 둘이기만 하다면.

둘이야?

공룡은 커다랗고
개미는 조그만데?

둘이야!

맨 처음에는 둘이 없었어.
아무도 둘을 몰랐어!
옛날옛날에
깍깍 까마귀가 날고
구름이 둥둥
음매음매 염소가 울어.
나뭇잎이 팔랑팔랑
그때 원시인의 마음속에 그게 들어온 거야.
다르고…… 다르고…… 다른데……
같아!
같은 게 있어!

"아하! 둘이잖아."
어떻게 알았어?
"구름 둘, 나무 둘, 까마귀 둘, 나뭇잎 둘!"
바로 그거야.
모양이 달라도 크기가 달라도
둘이야!
그건 위대한 생각이야.
우주에서 가장 어려운 생각이라고!
"정말?"
정말!
지구에 수가 생겼어.
2가 생겼어.

수가 생겼어! 2가 생겼어!

오호~
대단해! 대단해!

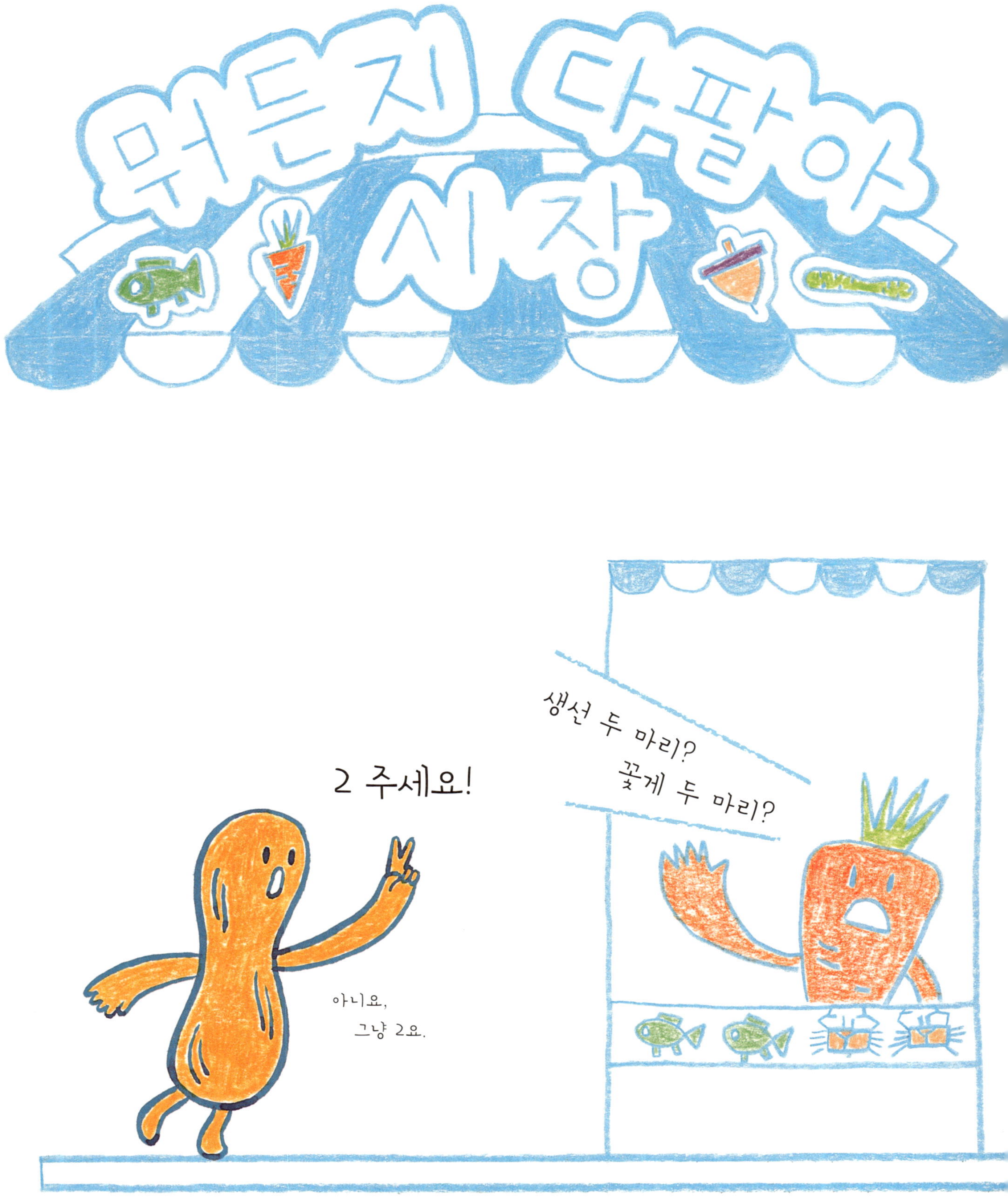

2는 수학을 할 때만 너랑 놀아!
네가 수학을 할 때 머릿속에 전구가 켜져!
수가 생겨.
2가 생겨!
"어떻게?"
이렇게!

감자 두 개, 땅콩 두 개.
이발사 두 명, 머리카락 두 올.
붕어빵 두 개, 물고기 두 마리.
둘에 둘을 더해!

수에 수를 더하면 수가 나와!
수에 수를 더했는데
꽃이 되거나
휴지통이 되는 일은 결코 없어!
"수랑 콩이랑 더하면 안 돼?"
안 돼!
수랑 수를 더해야 돼!

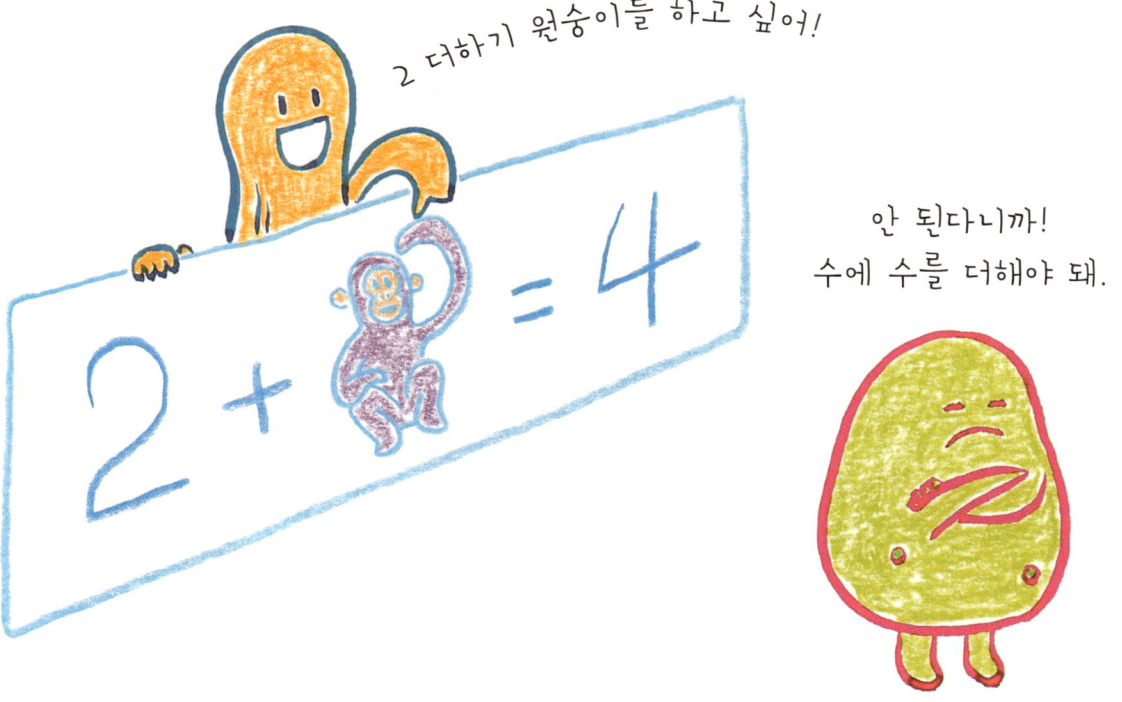

2+2=4

둘에 둘을 더하면 넷이 돼!
절대로 절대로 변하지 않아.
어제 할 때도, 오늘 할 때도
거지가 할 때도, 왕이 할 때도
백 년 뒤에도, 천 년 뒤에도
달에 가도, 안드로메다은하에 가도!

둘에 둘을 더하면 넷이 돼! 변하지 않아.

"외계인도 알아?"
당연하지!
하지만 외계인은 이렇게 할지도 몰라.

く∞く♾ W

"뭐야?
외계인 수학이야.
둘에 둘을 더하면 넷이 된다는 뜻일걸?
"그래도 돼?"
외계인 마음이야!
수학자 마음이야!

지구의 수학자는 하나를 1이라 하고
둘을 2라 하고
더하기를 +라 하고
같다를 =이라고 써.
숫자와 기호야!
세상에서 가장 간단한 글자!
'이건 이런 뜻이에요' 수학자가 약속했어.
화가가 그림으로 이야기하고
음악가가 음표로 이야기하듯이
수학자는 수학 글자로 이야기해.

수학은 수와 기호로 된 집이야!

2+2 ━ ━ ━ ━ ━ ━ ━ ━ ━

"뭐야?"
수학자가 그렸어.
2에 2를 더하면 4가 된다고 하려고!
"너무 길어!"
어떻게 하지?
어떻게 할까?
댕강 잘라!

됐어?

어때?

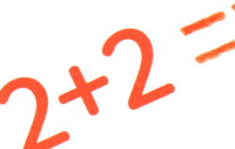

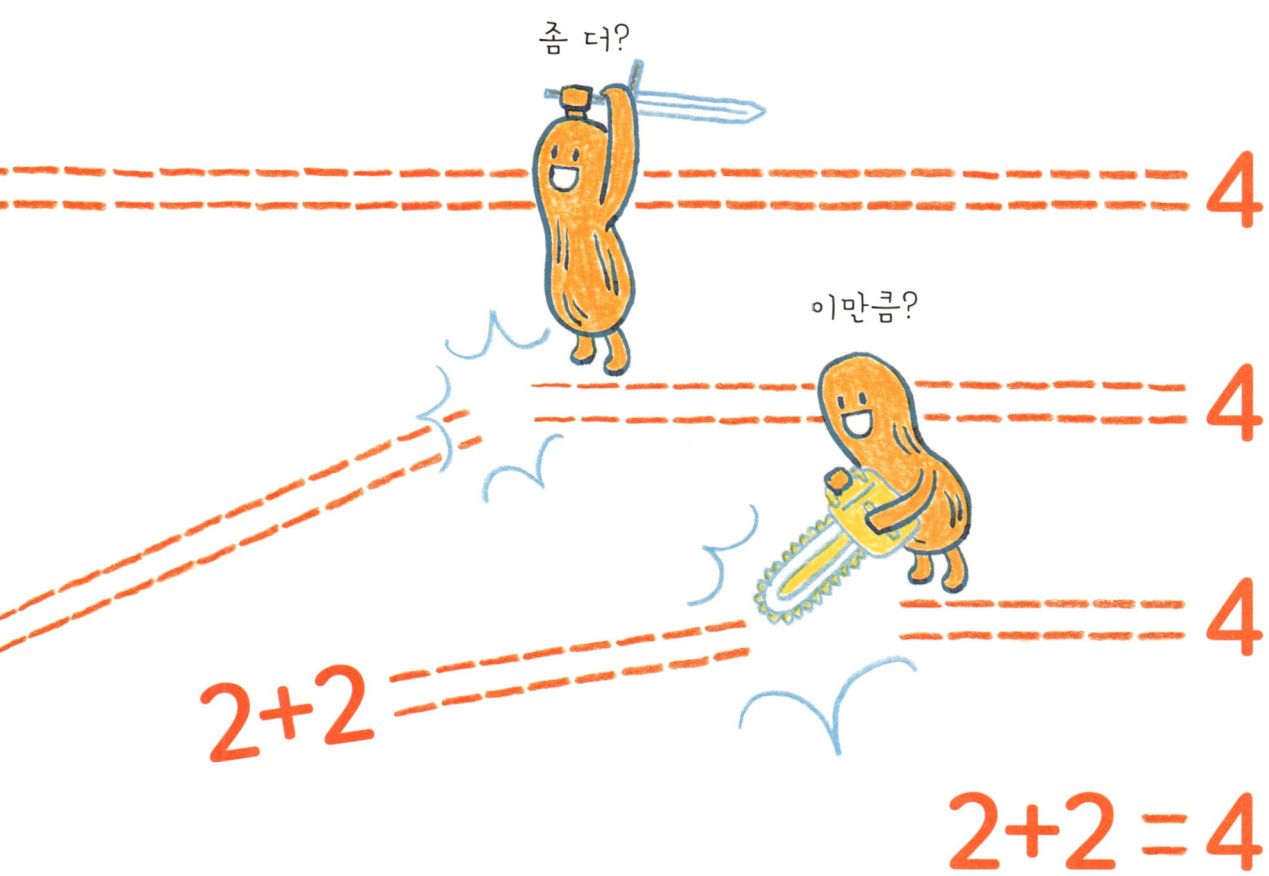

수학자는 또 생각해.

2에 2를 자꾸자꾸 더하고 싶은 거야.

2+2

2+2+2

2+2+2+2

2+2+2+2+2

2+2+2+2+2+2

2+2+2+2+2+2+2+2+2+2+2+2+2+2+2+2+2+2+2…….

그러다가 소리쳤지.

2를 100번 더하고 싶어!

2+2+2+2+2+2+2+2+
2+2+2+2+2+2+2+2+
2+2+2+2+2+2+2+2+
2+2+2+2+2+2+2+2+
2+2+2+2+2+2+2+2+
2+2+2+2+2+2+2+2+
2+2+2+2+2+2+2+2+
2+2+2+2+2+2+2+2+
2+2+2+2+2+2+2+2+
2+2+2+2+2+2+2+2+
2+2+2+2+2+2+2+2+
2+2+2+2+2+2+2

너무 팔이 아파~

어떻게 할까?

어떻게 하지?

2를 계속계속 더하고 싶을 때

3을 계속계속 더하고 싶을 때

4를 계속계속 더하고 싶을 때…….

"수학이야?"

수학이야!

2 + 2 + 2 + 2 + 2 + 2 + 2 + 2 + 2 + 2

3 + 3 + 3 + 3 + 3 + 3 + 3 + 3 + 3 + 3

4 + 4 + 4 + 4 + 4 + 4 + 4 + 4 + 4 + 4

어—어—어~

+2+2+2+2+2+2+2+2+2+

+3+3+3+3+3+3+3+3+3+

+4+4+4+4+4+4+4+4+4+

이제 안 해!

아니 못 해!

똑같은 수를 자꾸자꾸 더하고 싶을 땐
+를 옆으로 슬그머니 비딱하게 눕혀!
이렇게 말이야.

2를 100번 더하고 싶다고?

이렇게 해!

2×100

2+2+2+2+2+2+2+2+2+2+
2+2+2+2+2+2+2+2+2+2+
2+2+2+2+2+2+2+2+2+2+
2+2+2+2+2+2+2+2+2+2+
2+2+2+2+2+2+2+2+2+2+
2+2+2+2+2+2+2+2+2+2+
2+2+2+2+2+2+2+2+2+2+
2+2+2+2+2+2+2+2+2+2+
2+2+2+2+2+2+2+2+2+2+
2+2+2+2+2+2+2+2+2+2

2×100

200

모습이 달라도
모두 같아!

우아~

"나라면 이렇게 할 텐데……."
안 돼!
수학자들이 벌써 약속했어.
"언제?"
500년 전에!

수학자는 따따부따 수군수군 떠들지 않아.
종이에 슥삭슥삭
칠판에 스극스극
자꾸자꾸 약속을 만들어.
왜냐하면 이야기가 자꾸자꾸 생각났거든.
수학자의 이야기는 끝이 없어!

감자에게

74+32=
11635 0×
40 98 0
39-10 응
=☐   땅콩이

무슨 말이야?

암호야?

외계인 말이야?

궁금해! 궁금해!

수학자는 알게 되고 말았어!
옛날옛날에 둘을 상상하고
둘을 2라 하고
2+2=4라고 했을 뿐인데
수학이 자라고 자라고 자라고 자라
어마어마한 이야기를 들려준 거야!
"무슨 이야기?"

'거기 누구 없어요오오오오오오오?'
수학자가 수학으로 우주에 신호를 보내.

틱 틱   틱 틱 틱   틱 틱 틱 틱 틱   틱 틱 틱 틱 틱 틱 틱…….

"수학이야?"
수학이야!
외계인이 지구에 찾아온다면 그 애는 수학을 아는 거야!
수학을 모르면 우주선을 만들 수 없어.
지구가 어디에 있는지 몰라.
우주는 수학으로 가득 차 있어.

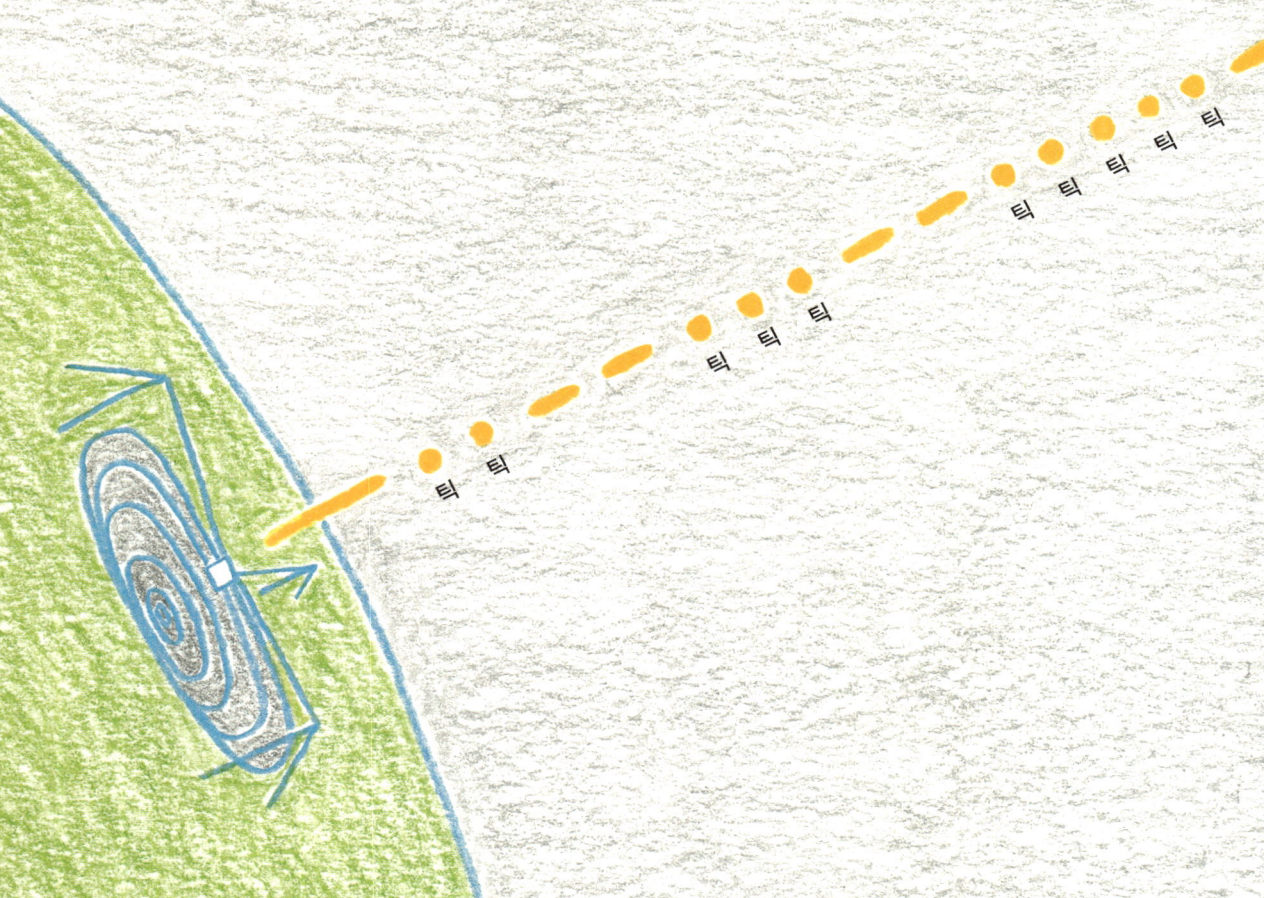

2500년 전에 피타고라스 할아버지는
우주가 수로 되어 있다고 말했어.
모두가 미쳤다고 말했지.
하지만 아니었어.
우주는 정말로 수학으로 되어 있었어!
수학 법칙으로 우주가 굴러가.

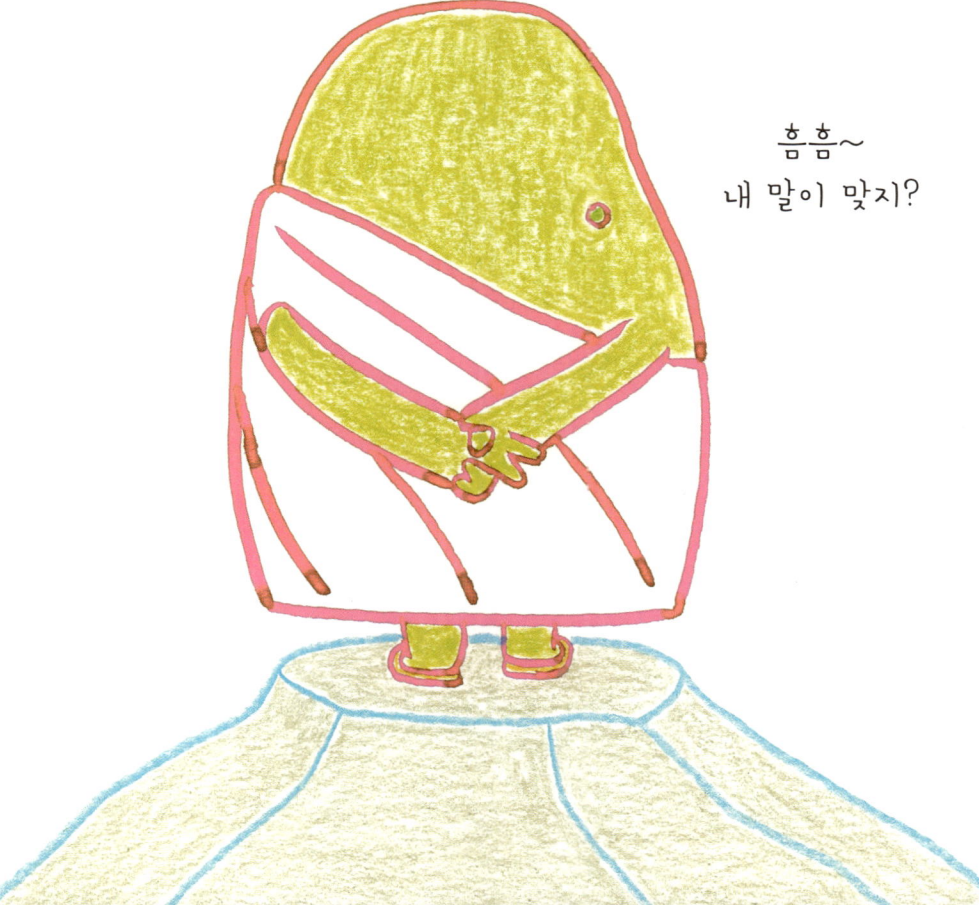
흠흠~
내 말이 맞지?

옛날옛날에

수가 지구에 왔어.

만질 수도 없고

보이지도 않는데

원시인이 둘을 생각해.

둘을 보았어!

휘융~ 회오리가 불어와.

어-어-어-어

염소 둘이 날아가.

나무 둘이 날아가.

지붕 둘이 날아가.

2는 날아가지 않아!

수는 사라지지 않아!

2가 지구에 왔어.

쿵

수학이 왔어!

글쓴이 김성화 · 권수진

수학이 뭘까? 수학자는 무얼 할까?
아이들과 이야기하고 싶어서 〈만만한수학〉을 썼어요. 돼지와 감자와 땅콩과 함께 열심히 고민했어요.
〈점이 뭐야?〉〈고양이가 맨 처음 cm를 배우던 날〉〈과학자와 놀자〉〈고래는 왜 바다로 갔을까?〉
〈애들아, 정말 과학자가 되고 싶니?〉 들을 썼어요.

그린이 한성민

책을 좋아하고 그림책을 좋아해요. 디자인과 일러스트레이션을 하다 그림책의 매력에 빠져 그림책 작가가 되었어요.
동물과 식물, 자연과 지구 환경 문제에 관심이 많아 생활 속에서 작은 실천을 통해 지구를 살리기 위해 노력해요.
〈만만한수학〉을 만나 이제는 수학자가 되어 볼까 맨날맨날 고민해요.
〈점이 뭐야?〉에 그림을 그리고, 〈빨간지구만들기 초록지구만들기〉〈행복한 초록섬〉〈안녕! 만나서 반가워〉
〈안전 먼저!〉 들을 그리고 썼어요.

1 점이 뭐야?
2 2 주세요!
3 원은 괴물이야!(출간예정)
4 분수가 뭐야?(출간예정)
5 무한 호텔(출간예정)

〈만만한수학〉시리즈는 계속됩니다.

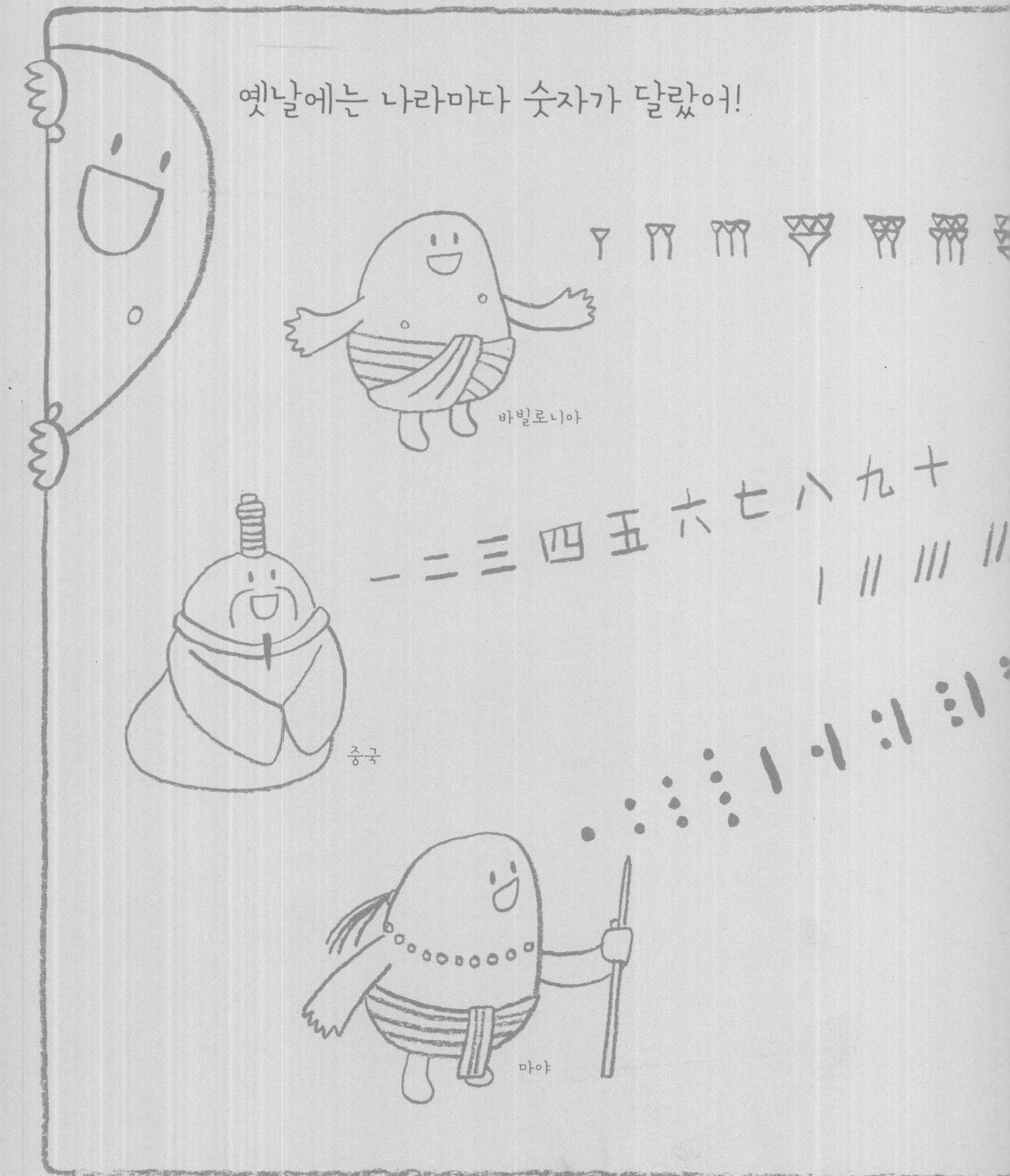